NOTICE

EXPLICATIVE

DES TABLEAUX

EXPOSÉS

AU DIORAMA.

IMPRIMERIE DE CONSTANT-CHANTPIE,
RUE SAINTE-ANNE, N. 20.

NOTICE

EXPLICATIVE

DES TABLEAUX

EXPOSÉS

AU DIORAMA.

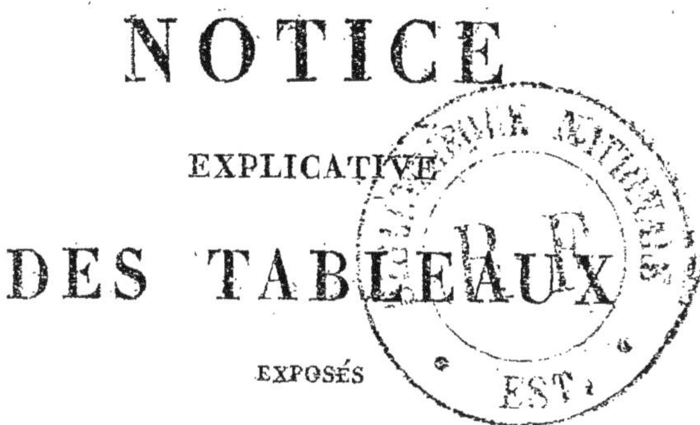

VUE

DU PORT DE BREST.

BREST, une des cités principales de l'ancienne province de *Bretagne*, aujourd'hui chef-lieu de l'une des sous-préfectures du département du *Finistère*, est situé à l'ouest de Paris, par 6° 49' de longitude orientale, et 48° 23' 14" de latitude nord. Sa distance de la capitale est de 138 lieues. Cet espace, si facile à franchir maintenant que les moyens de communication, plus en rapport avec les besoins, assurent au commerce une activité

plus grande et une plus grande sécurité ; cet espace, disons-nous, était jadis une barrière insur-
montable pour les citoyens que la fortune n'avait
point favorisé de ses dons. Encore, pour les ri-
ches, de nombreux obstacles se présentaient-ils
presque à chaque pas sur des chemins mal frayés,
mal indiqués au milieu des montagnes, et plus mal
entretenus encore. En 1777, il ne fallut pas moins
que des équipages considérables à un jeune prince
français qui avait formé le projet de visiter la Bretagne, pour parvenir, après des efforts inouis, au
but qu'il se proposait.

On se souvient encore à Brest, du temps où un
Breton faisait sans effroi les préparatifs d'une course
aux grandes Indes, quand il tremblait à la seule
idée de faire le trajet de sa ville natale à Paris.

Un officier de marine nous a assuré que son
père, chef de division au service de Louis xv, ap-
pelé à Versailles pour rendre compte d'une mission
qu'il avait remplie aux colonies françaises , fit ,
avant de partir de Brest, des apprêts que légitimait
une entreprise regardée comme très-avantureuse
et peut-être même comme environnée de périls
incalculables. Un testament en forme, une con-
fession générale, un service religieux, un vœu à
Notre-Dame-de-Recouvrance, enfin, toutes les
dispositions dont les craintes d'une mort prochaine
imposent à un chrétien la triste obligation, furent
les préliminaires de ce départ, pour un voyage
qui ne dura pas moins de vingt jours.

Aujourd'hui, malgré quelques retards que justifient les localités, les soixante-neuf postes qui se partagent la distance de Brest à Paris se parcourent dans un espace de temps cinq fois moins long qu'alors ; c'est-à-dire, à peu près en quatre fois vingt-quatre heures.

Cette différence notable indique suffisamment quelles améliorations ont été apportées, surtout depuis trente ans, aux moyens de communiquer entre le centre du royaume et celle de ses extrémités dont Lafontaine avait pu dire avec son accent si naïf et si vrai :

On sait assez que le destin
Adresse là les gens quand il veut qu'on enrage :
Dieu nous préserve du voyage !!...

Ce n'est plus un voyage que cette course dont le but est une des villes les plus intéressantes de la vieille France ; c'est une promenade à travers de hautes montagnes, dans un pays pittoresque dont les habitans ne sont pas moins extraordinaires à l'œil du parisien, que les huttes éparses qu'ils habitent et quelques-unes des bourgades qu'ils fréquentent dans les intérêts de leur petit commerce et des nécessités de la vie.

Les mœurs des naturels de la Bretagne, de ceux au moins qui ont religieusement conservé les traditions de leurs ancêtres, sont dignes de fixer l'attention du voyageur.

Au milieu d'une population immense, dont le temps a altéré la physionomie nationale, au point de ne lui laisser aucun type particulier, combien l'observateur ne doit-il pas être surpris, de rencontrer un petit peuple que cinq siècles ont dix fois renouvelé, sans qu'aucune habitude nouvelle, aucune amélioration dans le costume, aucun changement dans le langage soit venu modifier le caractère original qu'il tient des temps gothiques ?

Le paysan breton, le bas-breton surtout, garde les usages qu'il a hérité de ses pères, plutôt par respect pour des routines établies, que par raison.

L'esprit de superstition le domine dans la plupart des actions de sa vie. Partout on retrouve les traces de sa grossière ignorance. Un enfant vient-il au monde, vite il faut le garantir des maléfices du démon. Sera-ce au moins dans le baptême qu'on cherchera un recours contre la puissance de l'esprit malin ? Non ! le baptême viendra plus tard. On applique, avant tout, sur la tête et sur le cœur du nouveau-né, un losange de drap écarlate, dont la vertu miraculeuse consiste à repousser les tentatives du diable. Les parens de ce jeune enfant, pour célébrer sa naissance, sont-ils réunis autour de la longue table de chêne sur laquelle sont servis le lait doux et caillé (*cailleboti*), la crêpe de blé de sarrazin, le pain noir (*barra-gowin*) et le salmis de bœuf et de mouton, véritable brouet plus insipide cent fois que le ragoût le plus détestable ? un de ces parens veut-il donner un baiser de tendresse au héros de la fête ? Aussitôt, de mains en mains, en passant par celles du convive que son rang dans la famille, son âge ou sa qualité d'étranger ont placé à la droite de la mère, l'enfant arrive jusqu'aux

bras de celui qui l'a demandé, et, revenant par la
gauche au point d'où il est parti, il est rendu à sa
nourrice, dont l'œil inquiet l'a suivi pendant le
trajet, qui aurait pu lui devenir fatal, si l'un des
convives, oubliant un instant les conséquences de
cette action, l'avait renvoyé à sa mère par le plus
court chemin, c'est-à-dire, directement et par
dessus la table; car c'est là que le diable l'attendait,
et rien, pas même le *losange écarlate*, ne l'aurait
pu sauver de ce danger.

On s'étonne qu'au siècle où nous vivons, de pa-
reilles superstitions et bien d'autres encore dont
nous ne pouvons donner ici aucune idée, subsis-
tent dans quelques-uns des départemens d'un
royaume si avancé dans la civilisation et si sage
dans ses croyances. Le pouvoir des habitudes est
si grand! l'empire des mœurs est si puissant!

Un pays à peu près inconnu du reste de la
France, un pays pauvre, et dont le sol, appauvri
encore par l'incapacité et l'ignorance du colon, ce
pays, disons-nous, a dû conserver long-temps les
traces de sa barbarie héréditaire. La révolution,
qui, en changeant la face de l'empire, a fait péné-
trer dans presque toutes les provinces les bienfaits
des idées nouvelles, soit dans leurs rapports avec l'a-
griculture, soit dans leurs rapports avec l'industrie,
n'a fait, pour ainsi dire, que la découverte de la
Bretagne. Elle a frayé avec peine une communication, du centre des intelligences aux manoirs où
s'étaient perpétuées d'âge en âge des coutumes si
contraires à celles que l'instruction a popularisées

dans tout le reste de l'Europe; mais c'est à peu près là tout ce qu'elle a pu jusqu'à ce jour.

Les villages, les hameaux attendent, mais sans la désirer, une administration qui mette enfin les mœurs de leurs habitans en harmonie avec celles des autres Français, de telle sorte que l'étranger qui visitera notre pays dans toute son étendue, ne soit plus frappé de ces disparates bizarres, difficiles à expliquer chez une nation régie par des lois uniformes.

Le peuple du pays breton semble se complaire dans sa malpropreté. Ses vêtemens, toujours souillés de poussière et de fange, sont d'une étoffe grossière, et semblables à peu près par la forme à ceux des anciens paysans hollandais. Dans quelques cantons de la Bretagne, les hommes ajoutent à la large veste à manches qu'ils portent par dessus une veste plus courte, une peau de chèvre ou de bouc qui n'exhale pas une odeur plus désagréable, que celle dont la chevelure et toute la personne de ces sauvages infectent l'air.

Les cheveux longs et touffus ne sont pas, pour les Bretons, un objet de pur ornement; ils les laissent croître, sans leur donner au surplus aucun soin, pour les offrir, dans certaines circonstances de leur vie, à un saint, ou à la vierge en réputation dans la contrée. Nous avons vu une chapelle, dans une église de la petite ville de Dinan, où chaque image d'un saint (et quelle image, bon Dieu! une masse informe d'un bois mal façonné, et barbouillé de couleurs tranchantes) était accompagnée d'une ou plusieurs chevelures consacrées, ce qui faisait, comme on peut se le figurer, un effet assez bizarre. On eût dit, à l'aspect de ces saints grotesques, rangés sur un rayon autour de la chapelle, comme dans la boutique d'un vinaigrier sont rangés les barils de liqueur, et honorés de ces offrandes répugnantes, on eût dit, d'un temple de cannibales orné par la dévotion des guerriers de la tribu, des seuls restes des vaincus qu'ils n'ont pu dévorer.

Les femmes *basse-brètes* sont en général petites. Leur costume est peu avantageux à leur taille. Elles ne sont pas moins sales que les hommes. Celles qui font le commerce de la pêche et qui ont avec les villes des relations fréquentes, sont presque toujours dans un état d'ivresse, dont par respect pour nos lecteurs, nous ne devons pas faire ici le tableau. Le plus grand nombre, entre ces individus qu'il faut bien nommer du terme générique de *femmes*, quoiqu'elles ne ressemblent en rien aux personnes du sexe auquel elles semblent appartenir par erreur; le plus grand nombre, a toutes les habitudes des hommes de la classe correspondante. On n'est point étonné dans le pays, de voir ces femmes mâcher continuellement du tabac et s'enivrer, en même temps, des fumées de cette feuille, dont elles font un usage continuel avec la pipe.

Dans l'intérieur des terres, les femmes n'ont pas tout-à-fait les penchans qu'on peut trouver si extraordinaires chez celles qui habitent au milieu des roc iers, sur les bords de l'océan; elles ne sont cependant pas adonnées davantage au soin de leurs personnes. Nous avons trouvé des chaumières où nous ne pouvions faire un pas sans nous mettre au hasard de nous enfoncer dans des marres croupissantes au milieu du logis dépavé dont elles vicient l'air ; (marres qui proviennent des eaux de la pluie, si fréquente en Bretagne, en même temps que des écoulemens de l'écurie du bœuf ou du cochon)'; nous avons trouvé, disons-nous, dans ces cloaques impurs, telle jeune fille dont la fraîcheur et la beauté perçaient à peine à travers le voile immonde dont la malpropreté recouvrait les traits de son charmant visage, et à laquelle il n'aurait manqué pour briller en souveraine dans un cercle de jolies femmes, que d'élégans atours et l'habitude d'une ablution quotidienne.

Dans la plus grande partie des habitations des paysans de la Basse-Bretagne, on ne trouve pas de lits analogues à ceux dont on se sert dans le reste de la France. Un seul meuble, à-peu-près semblable à une de ces hautes et larges armoires que, dans nos campagnes, nos paysans un peu fortunés font servir à serrer les hardes et le linge de la famille, reçoit, dans les différens étages qui y sont pratiqués à cet effet : au premier, le père et la mère; au second, les filles nubiles ; au troisième, les jeunes hommes; plus haut enfin, les enfans au-dessous de dix ans.

Voyageant dans cette contrée où tout est si extraordinaire, surpris par le soir, près d'un village d'une petite apparence, nous fûmes contraints de demander l'hospitalité à un brave homme qui, de la meilleure grâce du monde, nous accueillit dans sa cabane. Cet homme mariait sa fille, grande et jolie personne, promise depuis deux ans à un jeune cultivateur que les braves légions de l'ouest avaient vu dans leur rang, et qui fit avec elles cette campagne où les Bretons se couvrirent de gloire en assurant le gain des batailles de Lutzen et de Bautzen, au succès desquelles la division des artilleurs de la marine avait si puissamment contribué.

Le chef de la famille nous invita dès l'abord au repas que notre arrivée avait interrompu, et quand vint l'heure du repos, quand on eut fait trève aux chants nationaux, quand le marié eut entonné la ronde : *Ha la nigousse, ah ma douce* (allons, ma vieille, allons nous coucher), quand le *bignou* nazillard (espèce de cornemuse qui ne rend qu'un son monotone et aigu) eut donné le ton à l'assemblée, qui répéta avec un bruit effroyable le refrain de cette ronde ; alors d'un ton affectueux et dans un langage dont nous entendions à peine quelques mot, cet honnête villageois vint nous dire que le seul endroit où nous pouvions attendre le sommeil était l'étage de son fils âgé de seize ans. Nous remerciâmes notre hôte, et nous nous empressâmes d'accepter. Un homme d'une haute taille et d'une physionomie ouverte, vint alors à nous et nous dit : Si tout ce qui doit se passer encore dans cette maison doit vous incommoder, si vous avez besoin de dormir en paix, venez, monsieur, partager ma couche, vous me ferez plaisir. — Votre offre, dîmes-nous, à cet officieux et franc Breton, sur la poitrine duquel brillait une large croix d'or suspendue à un ruban rouge, et que nous sûmes bientôt avoir servi dans la vieille garde, en qualité de capitaine, votre offre obligéante serait accueillie avec transport, si nous ne craignions de déplaire à l'hôte qui nous a si bien reçu. — Soit; c'est très-bien, adieu donc, et bonne nuit, nous dit l'ex-officier, en souriant au costume militaire dont nous étions revêtu.

Nous montâmes en effet au troisième etage. Les nouveaux époux occupaient le second. Nous ne commîmes aucune indiscrétion; nous ne prêtâmes même point l'oreille aux discours amoureux des jeunes mariés; nous avons déjà dit d'ailleurs que nous n'entendions pas la langue bretonne. Fort avant dans la nuit, un cri se fit entendre semblable au grognement d'un cochon; nous nous informâmes le lendemain matin de quel lieu était partie cette voix; c'était en effet celle d'un porc, ancien hôte du buffet à coucher, et qui logeait au rez-de-chaussée.

Mais cessons de nous occuper des coutumes du peuple Bas-Breton; revenons à Brest, dont au surplus, cette digression ne nous a pas beaucoup éloigné, puisqu'elle est pleine des souvenirs que nous avons rapportés des bourgs et des hameaux qui entourent cette ville, dont les mœurs élégantes et polies contrastent d'une manière si tranchante avec celles dont nous venons d'entretenir nos lecteurs. Appliquons nos souvenirs aux d'étails qui concourrent à l'ensemble du tableau que nous ayons devant les yeux. Que disons-nous ? Un tableau ! non, ce n'est point une image vaine, c'est la réalité; Brest tout entier, nous apparaît : voilà son port, voilà ses quais, voilà ses mouvemens, voilà son ciel chargé d'une brume légère, qui recouvre comme d'un voile flottant et diaphane, ses constructions, dont elle semble encore agrandir les proportions colossales.

Brest est une ville fort ancienne. Son origine se cache dans la nuit des temps. Quelques historiens pensent quelle est la *brivates portus,* dont parle Ptolemée. Il n'y a rien de moins certain que cela. Qu'importent, au surplus, et son nom ancien et l'époque de sa fondation, et le nom de celui, qui sur ce point avancé de la vieille Gaule, pensa le premier à fonder une colonie de pêcheurs. Ce qui, importe aujourd'hui, c'est que Brest soit une des clefs du royaume; c'est que peu considérable, sous le rapport de la population, il ait une importance plus grande que telle autre cité dix fois plus populeuse. Brest ne compte que 25,800 habitans, mais son port le met en relation avec plus de cent millions d'individus de toutes les nations. Ce port est à la fois, le premier port militaire, et l'un des plus intéressans pour le commerce

EXPLICATION DU TABLEAU.

Nous suivrons, dans l'explication que nous allons donner du tableau représentant *une vue du
port de Brest,* l'ordre le plus naturel, celui qu'ont
adopté d'ailleurs les auteurs du Diorama, dans le
dessin lithographié qu'ils ont fait de leur ouvrage.

La vue est prise de l'enceinte de la *batterie Rose;*
batterie qui prend son nom de sa situation au-dessus
d'une roche appelée *la Rose,* à cause de sa forme,
qui rappelle celle du diamant qui porte ce nom.
Cette roche est à l'entrée, à droite du port.

1. — *Porte de la batterie Rose* — Cette porte,
peinte en vert comme toutes celles de cette enceinte, sert d'entrée à une batterie qui domine la
rade du côté de l'est, et qui défendant l'entrée du
port, avec plusieurs autres batteries, la *batterie mas-
quée,* (par exemple) garnie de canons du plus gros
calibre, et la batterie royale, garnie de vingt-quatre
pièces de bronze, rendent ce passage impossible à
une escadre ennemie, dans la supposition même
qu'elle serait parvenue à forcer le passage du
Goulet, défendu par plusieurs forts, et protégé
par la nature elle-même, qui semble avoir voulu
le rendre impraticable pour des vaisseaux obligés
de se défendre, et de chercher en même temps un
passage à travers les roches dont il est semé.

2. — *Parc à boulets* dépendant de la batterie Rose.

3. —*La tour de la Madeleine.* Cette tour fait partie d'un ancien château qui protégeait Brest du côté de la rade. Nous ignorons l'époque à laquelle remonte cette fortification (1). Elle est probablement très-ancienne; car quelques personnes assez versées dans la connaissance des antiquités, ont cru pouvoir affirmer, que plusieurs des parties principales de cette construction, dataient des anciens Romains. D'autres opinions se rapportent aussi à celle-là; mais ceux qui les ont professées, ont été trompés sans doute, par l'apparence, et aussi, peut-être par le nom de *César* que porte, on ne sait trop pourquoi, une tour située à la droite de celle que nous voyons en ce moment et qui domine la rade. Cette tour, dite de *César*, recouverte à présent, d'un enduit blanc, sert aux pilotes qui cherchent l'entrée de Brest. C'est un point de relèvement sur lequel *ils mettent le cap*, quand ils veulent éviter et les *Fillettes* et le *Mingan*, rochers à fleur d'eau, au milieu de l'entrée du Goulet.

Nous osons n'être pas de l'avis de ceux qui assignent au *château*, une origine aussi ancienne. Nous n'avons vu dans cette grande construction, aucune trace du goût romain.

4. —*Tour de Brest.* C'est, du point où nous sommes placés, la seconde tour de ce château ir-

---

(1) On dit que ce fut en 865, qu'un duc de Bretagne nommé Couam, fortifia le château.

régulier, dont les débris sont curieux à examiner.

5. — *Extrémité* N. E. *du château.* Cette plateforme ne conserve, si ce n'est dans ses lignes extérieures, aucune apparence de fortication. Elle est, du côté de Brest, une continuation de *la place du château.* Les enfans du quartier ont adopté cet emplacement pour le théâtre de leurs jeux.

Vue de la place qui porte son nom, *le château de Brest* apparaît comme une grande ruine, dont l'aspect impose encore par les souvenirs qui s'y rattachent. Ce fut contre cette masse aujourd'hui désarmée, qu'en 1694, vinrent échouer les forces et la ruse des Anglais. Une partie du vieux château sert maintenant de caserne à l'infanterie, qui tient garnison à Brest. Une autre partie est destinée à recevoir les prisonniers civils et militaires. L'ancienne place d'armes comprise entre l'église de Notre-Dame, dont on voit quelques vestiges, et la maison du gouverneur du château est un dépôt de boulets de tous les calibres. Ce dépôt est une dépendance du beau parc d'artillerie, qui se trouve de l'autre côté du port, à peu près à la hauteur de la *tour de Brest.*

6. — *La machine à mâter les bâtimens de haut bord.* Cette machine fort ingénieusement établie, repose sur une base plane, élevée et d'assez grandes proportions. La combinaison des forces dans cette *mâture,* la plus belle que possèdent nos ports militaires, est très-simple. Son mouvement est prompt, sa puissance capable des plus grands efforts. Nous

avons vu des vaisseaux de ligne soumis à l'action de la mâture et mâtés ou démâtés en moins d'une heure. Ce spectacle, l'un des plus intéressans, entre ceux auxquels donnent lieu si souvent les mouvemens d'un port de guerre, dans le temps où l'on équipe les escadres, est celui que le commandant de la marine ne manque pas de donner aux princes ou aux étrangers de distinction, qui visitent le port de Brest.

Au pied de *la machine à mâter*, et sur un plan un peu plus éloigné, est une cale appelée la cale de la Mâture. Ce point, et un autre très-rapproché de la grille du port qu'on aperçoit au-dessous d'un petit clocher numéroté 10, dont nous parlerons tout-à-l'heure, sont les points de communication les plus ordinaires, entre *Brest* et *Recouvrance.*

A droite, en sortant de la grille qui, au pied de la mâture, ferme le quai dont le commencement est masqué par la *cale de la Rose,* c'est-à-dire par le toit grisâtre que nous apercevons à côté de la barrière verte de la butterie Rose (n° 1), à droite, disons-nous, est une rue dont l'extrémité inférieure est au-dessous du niveau de l'extrémité supérieure, de toute la hauteur de la plate-forme (n° 5). (environ cent degrés, en un seul escalier,) mesurent la distance du bas en haut de cette rue, appelée des *Sept-Saints,* nom qu'elle tient d'une ancienne église, fondée sous l'invocation de sept martyrs, canonisés dans les premiers temps de la chrétienté.

Une de nos artistes les plus justement aimées du

public, madame *Regnault-Lemonnier,* cantatrice et comédienne du théâtre de l'Opéra-Comique, est née dans la rue des Sept-Saints.

Une rue, ou plutôt un chemin rendu praticable aux voitures, conduit du pied de la rue des Sept-Saints jusque sur la place du château, et en face du commencement de cette belle promenade, que toutes les villes du monde peuvent envier à Brest, *le cours d'Ajot.*

Cette promenade, dont nous apercevons quelques arbres au-dessus du château, est composée de quatre rangées d'ormeaux, formant trois allées longues et larges. Le cours commence au mur du château, et va jusqu'aux remparts. Un mur de défense, qui joint les travaux fortifiés de Brest à la citadelle dont nous avons déjà tant parlé, borde à hauteur de ceinture d'homme le *cours d'Ajot,* d'où l'œil se promène sur une rade d'environ neuf lieues de circonférence. Certes, cet aspect est le plus beau qu'on puisse imaginer. Le quartier qui borde le cours d'Ajot est très-beau, il est presque neuf, et c'est surtout dans ce sens que se sont opérés les agrandissemens qui ont eu lieu à Brest depuis 1686, et plus encore depuis 1789.

7.—*Le télégraphe de la tour de Saint-Louis.*—Ce télégraphe correspond avec Paris; ses premiers rapports sont avec celui de la hauteur qui domine Brest du côté de Landerneau.

L'église de Saint-Louis, que surmonte le télégraphe dont il est ici question, est assez vaste; elle ne porte aucune empreinte de ce grandiose qui régnait dans les arts alors de son édification. L'architecture en est mesquine et presque sans ornemens; nous avons vu récemment encore l'intérieur de cette église peint en couleur *bleu céleste.* Cette seule observation suffit pour donner une idée exacte du goût des Bas-Bretons. Ce fut en février 1686 que Louis XIV permit aux habitans de Brest de s'imposer eux-mêmes sur les entrées des boissons, un droit dont le produit fut applicable à la construction de l'église de Saint-Louis. Cet édifice coûta, dit-on, plus de trois cents mille livres tournois.

8. — *L'hôpital.* — A côté de Saint-Louis, les jésuites avaient un séminaire, dont les bâtimens peu étendus, mais rendus plus nombreux par des constructions légères faites à la place des anciens jardins du couvent, sont consacrés à recevoir les malades et les blessés appartenant à tous les corps militaires, et notamment au corps de la marine. Cet hôpital est desservi par des forçats qui ont qualité d'infirmiers, et par des sœurs de la congrégation de Saint-Thomas-de-Villeneuve.

L'ancien séminaire des Jésuites recevait des élèves destinés à servir d'aumôniers aux équipages des vaisseaux du Roi. Cet édifice, commencé en 1688, fut achevé en 1700.

Près de l'ancien séminaire se trouve *l'hôpital brûlé.* Cet hospice qui fut incendié il y a plusieurs années, est destiné aux habitans de Brest. Il est purement civil.

Entre ce bâtiment et ceux de l'hôpital St-Louis,

se trouve un fort beau quartier pour l'artillerie de la marine. En 1815 encore, cette caserne était habitée par les soldats de ce fameux premier régiment d'artilleurs qui, arraché violemment à son service ordinaire, fit, dans la campagne de Dresde, des prodiges de valeur.

8 (bis). — Petit observatoire (1), au-dessus du quartier de la marine.

9. — Une *fontaine* sur le quai de Brest. Ce petit monument d'un goût très-simple n'est pas ancien.

Le quai sur lequel nous voyons cette fontaine est bordé de maisons laides et peu élevées. C'est la partie du port, comprise entre la cale de la Rose et celle de l'Intendance, qui est destinée principalement aux bâtimens du commerce.

10. — L'*horloge du port*. Le petit clocher qu'on remarque en cet endroit est au-dessus d'un édifice, qui est le premier, entre tous ceux qui composent l'arsenal de Brest, fondé par Louis XIV, vers 1669. Le bâtiment que domine l'horloge du port, reçoit les élèves de l'école de dessin, la bi-

---

(1) Près de l'hôpital brûlé et derrière la caserne des artilleurs de la marine, est le jardin des plantes. Dans un petit pavillon, bâti au milieu de ce jardin, on voit, couchée sur un lit qu'elle n'a quitté que rarement depuis vingt ans, mademoiselle Laurent, fille de feu le conservateur du jardin. Cette demoiselle est endormie depuis sa tendre enfance, d'un sommeil dont la cause est inconnue et auquel la Faculté n'a trouvé aucun remède. Nous avons donné dans un des journaux de la capitale quelques détails sur la singulière maladie dont est affectée mademoiselle Laurent.

bliothèque, les bureaux de la majorité de la marine et ceux des mouvemens du port. Une salle de ce monument porte le nom de *salle des modèles*. C'est en effet dans cet emplacement que sont réunis, pour l'instruction des officiers mariniers et des élèves de marine, tous les modèles de vaisseaux, de différentes gabarres, de rangs divers et de formes anciennes ou nouvelles, les modèles des navires militaires de tous étages, et les copies en petites proportions, des machines flottantes employées à différens usages dans les ports de guerre.

En face de l'*horloge* se trouve une *forme* propre à recevoir des frégates et des corvettes qui ont besoin de réparation. Un bâtardeau ferme l'entrée de cette forme; il sert aussi de communication entre le quai du magasin général et la grille du port dont nous n'apercevons point l'ouverture qui nous est cachée par les dernières maisons formant l'angle du quai Marchand et de la Grand'Rue.

Puisque nous venons d'écrire le nom de cette rue la plus considérable de toutes les voies pratiquées dans la ville de Brest : donnons-en une idée rapide. Elle parcourt l'espace assez long de la porte de Landerneau (1) au bassin du port, et reçoit dans sa longueur, l'extrémité de plusieurs rues adjacentes, telles que les rues Saint-Louis et de la Rampe. Des escaliers (celui de Siam et l'escalier Neuf) facilitent les communications entre le quartier Haut

---

(1) Brest a maintenant deux portes parallèles et ouvertes à moins de vingt toises de distance l'une de l'autre.

et le Bas quartier. La longueur de la Grand'Rue n'est coupée que par une place qui porte le nom de *Médisance.* Ce fut, si l'on en croit un livre rare et curieux, l'*Espion Anglais,* sur cette place où se tenait le marché de la faïence, que le jeune prince dont nous avons parlé au commencement de cette notice, se permit un tour de jeunesse assez bizarre. Il fit passer, en arrivant à Brest, tous ses équipages sur la faïence étalée au marché, afin de donner aux marchands l'occasion d'exiger pour le dommage qu'on leur causait, des indemnités considérables. Les courtisans de ce temps-là appelaient cette plaisanterie une manière fort spirituelle et fort ingénieuse de faire l'aumône.

11. — Le *bagne*, les *corderies haute et basse, etc.* Ces édifices si grands dans leurs proportions et dont nous voyons les arêtes longitudinales se prolonger dans les lignes perspectives jusqu'au quatrième plan du tableau, sont les plus considérables entre ceux dont se compose l'arsenal de la marine. Ce sont, dans les étages inférieurs, deux corps de bâtimens très-distincts, où sont établis les ateliers des *corderies,* et au-dessus, le *bagne,* grande construction où sont renfermés, depuis la suppression des galères, les hommes condamné s à la chaîne et aux travaux pénibles des ports.

Les *corderies* sont à peu près d'égale dimension. Nous ne savons pas exactement le nombre de mètres que comportent leurs longueurs ; mais nous croyons pouvoir assurer qu'elles ont au moins deux *encablures,* c'est-à-dire deux fois la longueur d'un cable de vaissseau de haut raug, qui évaluée en pieds, équivaut à douze cents.

Le *bagne* de Brest est fort beau et très-commode. On connaît ce mot d'un forçat libéré qui, rencontrant un de ses anciens camarades de chaîne, lui dit: Eh bien, où espères-tu aller la première fois? — A Toulon, répondit l'autre, je m'y plaisais fort. — Nigaud, reprit le premier, tu ne t'y connais guère; Brest est bien autrement agréable, et j'espère, à la prochaine campagne, obtenir qu'on m'y écroue.

Ce n'est point ici le lieu de parler avec détail du bagne qui renferme plus de trois mille condamnés, gardés par environ quinze cents soldats de la *chiourme*. Nous nous contenterons de dire que les forçats sont partagés en différentes catégories. L'une, qui se distingue par la couleur du bonnet, le *vert*; l'autre composée de forçats condamnés à temps, et la troisième, de forçats privilégiés qui, jugés moins coupables, ou plus près d'avoir subi leur peine, sont employés à des travaux distingués, tels que celui des bureaux des ports, des cabinets de physique, des hôpitaux, etc. Quelques forçats qui exercent une profession ou un art, obtiennent la faculté de vaquer, dans la ville, à leurs affaires, moyennant la rétribution qu'ils sont contraints de payer aux soldats qui les escortent. Nous avons été témoins d'une leçon de musique qu'un détenu donnait à une fort jolie personne appartenant à une des familles les plus considérées de Brest. Le professeur en casaque rouge avait soin de dissimuler sous un pantalon d'une étoffe blanche très-fine, l'anneau qui le soir le réunissait à un homme grossier et sans industrie. Cet Orphée des galères jouait bien de son instrument, et s'exprimait d'une manière peu commune. On dit qu'il devait son éducation aux soins d'une femme qui a fait diversement parler d'elle, et qui, après avoir composé beaucoup de romans prétentieux, débite contre les philosophes de ridicules pamphlets.

En Angleterre, il y a très-peu de forçats. Les condamnés sont ordinairement déportés à Botany-Bay : il existe cependant sur la Medway un bagne flottant, qui contient un assez grand nombre de coupables, qu'on retient dans ce port pour les travaux de l'arsenal. Par une bizarrerie, au moins bien singulière, ce ponton n'est autre que le fameux vaisseau *le Bellérophon,* qui reçut à son bord un maître de l'Europe, descendu du premier trône du monde, et relégué par la politique sur un rocher de l'Atlantique, où, attaché comme Prométhée, et comme lui privé de l'espérance, il fut obligé de présenter son foie au vautour qui le dévorait. Comme prison, le navire historique n'a pas changé de destination ; mais par quel sort ce vaisseau, qui avait accueilli le malheureux le plus illustre, reçoit-il aujourd'hui des malfaiteurs odieux, de honteux scélérats ? A bord de cette fatale machine, où au moins ils ont à peu près toutes les commodités de la vie, les forçats expient leurs crimes ; le général-roi, qu'on y retint prisonnier, qu'avait-il à expier ? sa gloire de trente années, notre trompeuse admiration, et sa défaite d'un jour.

Derrière les édifices dont nous venons d'indiquer les destinations, le bassin du port fait un angle d'environ soixante-quinze degrés, en retournant à droite; puis, à l'extrémité de l'un des côtés de l'angle, celui qui se trouve opposé aux corderies, fait encore, dans un sens inverse, un angle un peu plus aigu, et dans le même sens un angle très-obtus; ce qui donne à cette extrémité du port la figure d'un Y, à tête fort ouverte.

De chacun de ces deux côtés, sont divers établissemens. A droite et le long des quais des canons et des ancres, se trouvent les magasins à *prélas* (toiles goudronnées et peintes), les magasins aux vins, les abris et magasins pour les canots de luxe, la poulierie, la scierie, et, en détournant vers la droite, à l'extrémité de l'anse du moulin à poudre, la tonnellerie; plus loin, sur le même bord, la boucherie dont nous apercevons à peine au dernier plan la toiture terminée en pointe. Là se termine la série des constructions, à droite du port. A gauche, sont, à partir de l'embouchure de la rivière de Penfeld qui vient perdre ses eaux dans le bassin du port de Brest, un moulin à papier, propriété d'un négociant de Brest; la cale où se construisent les petites corvettes et quelques bâtimens d'un bas étage; la *montagne*, chantier de construction pour les canots et les péniches; le magasin de la mâture, les ateliers de la sculpture pour l'ornement des vaisseaux, ceux de la menuiserie, les bureaux du génie, et sur le bord, la grande construction que nous voyons recouverte d'une toîture demi-cylindrique supportée par un grand nombre de piliers de la forme des pyramides quadrangulaires tronquées Cette construction que nous désignons par le n°

12. — Est la *cale couverte*. C'est sous cet abri que se construisent les vaisseaux de haut-bord. De ce chantier sont sortis, dans les dernières années : le *Nestor*, l'*Orion*, etc. Cette cale dont la charpente est regardée comme un chef-d'œuvre est de M. *Sané*, ingénieur très-habile. Le vaisseau en construction, sous la cale couverte, est *la couronne*.

De ce côté de la *cale couverte* est un plan incliné sur lequel se construisent ordinairement des frégates et de grandes corvettes.

13. — La *serrurerie*, les *forges*, la *voilerie*, etc., ateliers où se confectionnent toutes les parties de fer et toutes les voiles qui servent aux armemens des vaisseaux.

En deçà de ces ateliers, sont deux formes très-grandes, dont l'une, celle du fond, est couverte (1) et peut contenir deux vaisseaux ; l'autre plus rapprochée des eaux du port est découverte. Ces deux formes, d'une maçonnerie très-solidement établie, sont destinées à recevoir les navires de haut-bord

---

(1) Nous apprenons que la couverture de cette forme est tombée dernièrement, entraînant dans sa chûte plusieurs ouvriers occupés à la réparer.

qui ont éprouvé des avaries considérables et qui ont besoin d'être radoubés ou refondus. On dit des vaisseaux à qui cette opération est nécessaire, qu'ils doivent *passer au bassin*.

14. — Le *bois* et la *maison des Capucins*. Cet ancien couvent dont les bois couronnent la hauteur qui domine le port à gauche est attribué à titre de propriété à l'une des autorités militaires du port. Au pied de la montagne sur laquelle est placée l'ancienne demeure des Capucins, est une maison récemment achevée qui sert de prison; ici, elle est numérotée

15. — et s'appelle *Pontaniou*.

16. — *Quartier de Recouvrance*. Cette partie de la ville de Brest est très-distincte de la partie droite; elle est en général habitée par les ouvriers du port. Une ancienne église consacrée à *Notre-Dame de Recouvrance* était en grande réputation. Les navigateurs l'avaient enrichie de leurs présens, fruits des vœux que leur avait arrachés la crainte. L'église des *Carmes* est aujourd'hui celle qu'embellit la dévotion des marins. Aussi y voit-on pendus un grand nombre de navires dédiés à la Vierge, en commémoration des dangers auxquels les consécrateurs ont échappé par l'intervention puissante de la mère de Dieu, à qui leur foi a eu recours dans l'imminence du péril.

Quelques ateliers dépendans de l'arsenal, et notamment la boulangerie, se trouvent du côté de Recouvrance. Ils se trouvent placés hors du tableau, à gauche et à la hauteur du spectateur. Au pied de l'élévation où nous sommes placés, se trouve *la chaîne*, espèce de barrière flottante qui se ferme après la retraite, annoncée au port et à la rade par un coup de canon, tiré d'une batterie semi-circulaire nommée le *fer à cheval*. Le fer à cheval est en face de la *batterie Rose*, et sur l'emplacement des débris à peine reconnaissables d'une grande tour qui contribuait, avec le château, à la défense de Brest.

Nous ne pouvons dénommer fidèlement les vaisseaux désarmés qui figurent dans le tableau que nous avons sous les yeux. Les seuls que nous pouvons désigner avec certitude sont : *l'Amiral*, vaisseau rasé, gréé d'un seul mât, et que le spectateur reconnaîtra très-bien à la toile blanche et bleue qui le recouvre. *L'Amiral* sert de salle de discipline aux officiers qui sont sous les ordres des chefs des mouvemens du port;

Le *duc d'Angoulême*, vaisseau à trois ponts, et le *Dugay-Trouin*, vaisseau du port de 74 canons. Ces deux navires désarmés sont garantis des intempéries du climat par d'immenses *prélas* rouges, sur lesquels la pluie n'a que peu d'action. Tous les bâtimens que renferme le port, et qui ne sont pas compris dans les escadres actives, sont garantis par les mêmes moyens. Le soin de leur conservation est confié à des officiers attachés au port à différens titres.

Nous aurions encore beaucoup de choses à dire au sujet de Brest; nous pourrions entrer dans un plus grand nombre de détails intéressans sur son port;

mais le cadre dans lequel le genre de cette notice nous force de nous circonscrire, nous prescrit certaines limites qu'il ne nous est pas permis de franchir.

Nous nous arrêterons donc ici, en rappelant que Brest a vu naître plusieurs hommes distingués dans la guerre, le commerce et les arts. Cette ville cite avec orgueil parmi ses enfans, les généraux de mer d'*Orvilliers*, *Kersaint*, et ce fameux *Lamothe-Piquet*, ce brave qui, à la fin de sa carrière, eut le courage d'avouer qu'il n'avait jamais entendu signaler l'approche des vaisseaux ennemis, sans jeter au loin sa perruque, et sans donner les marques les plus manifestes de sa peur, quelque sûr qu'il fût d'ailleurs de remporter sur l'Anglais un avantage signalé. Lamothe-Piquet n'était point un fanfaron, il payait de bonne foi un tribut à la nature, mais bientôt la raison et le devoir l'emportaient, et cet enfant timide devenait un héros. Parmi les citoyens estimables nés à Brest, il faut proclamer le nom de M. *Guilhem*, que ses vertus désignèrent au choix de ses compatriotes, et qui, dans les dernières sessions de notre chambre législative, prouva que la vraie éloquence est fille du cœur. Il parla plusieurs fois dans l'intérêt du commerce et des libertés publiques. Il sut se concilier l'estime de ses collègues par la douceur de ses manières, comme il sait, dans son département, se concilier la confiance des Brestois, par sa franchise, sa générosité et l'excellence de ses mœurs.

MM. *Habeneck* frères, que la muse de l'harmo

nie compte au nombre de ses plus chers favoris, ont reçu la naissance à Brest; nous avons déjà dit que madame *Lemonnier* de Feydeau est leur compatriote.

Brest mérite d'être connu autrement que par un tableau tout fidèle qu'il puisse être (et celui qui vient de nous occuper, n'est pas moins extraordinaire sous ce rapport que celui de l'art), nous engageons donc nos lecteurs, à visiter le département du Finistère , si pittoresque; la ville de Brest, si intéressante; et cet arsenal, fondé par *Louis XIV*, continué par *Louis XV* et *Louis XVI*, et embelli il y a vingt ans, par *Napoléon*, qui aurait peut-être mieux fait d'attacher son nom à Brest, par de grands établissemens que le port réclame encore, que de l'associer à celui d'Anvers. Cet arsenal est dans son ensemble, comme dans ses détails. digne de fixer l'attention des hommes, que les choses futiles n'ont pas seules le privilége d'attacher. Il justifie par son importance, et la grandeur de son plan, les éloges que lui donne le poëte Santeuil, dans cette inscription :

Quæ pelago se se arx aperit metuenda Britanno,
Classibus armandis, omnique accommodata bello,
Prædonum terror, francis tutela carinis
Eternæ regni excubiæ, domus hospita Martis,
Magni opus est Lodoici. Hunc omnes omnibus undis
Agnoscant venti dominum, et maria alta tremiscunt.

FIN.

VUE INTÉRIEURE

DE

LA CHAPELLE DE LA TRINITÉ,

CATHÉDRALE DE CANTORBÉRY (ANGLETERRE).

———

Cantorbéry, une des villes remarquables de
l'Angleterre, est située dans la partie orientale du
comté de Kent, sur la rivière appelée Stour, à 18
lieues S.-E. de Londres, 6 N.-O. de Douvres, et
3 1/2 du rivage de la mer.

Cette ville, réputée plus ancienne que la vieille
Rome, fut appelée *Durovernum* et *Duroberia* par
les Romains, *Cant-Wara-Burg* par les Saxons, et
par les Anglais *Canterbury* (dont nous avons fait
Cantorbery), nom qui lui fut donné, en général,
depuis la conquête des Normands.

Dès son origine, Cantorbéry fut une ville considérable; au temps des Saxons, elle fut déclarée
capitale de Kent (alors royaume), et le roi la
choisit pour sa résidence. En 596, Ethelbert s'é-
tant converti au christianisme, ce monarque donna
son palais à saint Augustin; ce séjour, donné ainsi
à titre d'apanage pieux, devint l'habitation ordinaire du saint prélat, et celle des archevêques ses
successeurs. Cantorbéry fut érigée bientôt en mé-

tropole de la Grande-Bretagne, peut-être parce
qu'elle possédait la *cathédrale* et *Saint-Augustin*,
superbes monumens, dont le premier, malgré de
nombreuses révolutions qui ont réagi des hommes
sur les édifices, est encore aujourd'hui un des plus
beaux morceaux en ce genre.

C'est la chapelle principale de cette église que
les auteurs du *Diorama* ont choisie pour le sujet
d'un de leurs tableaux.

La chapelle de la Trinité est d'une architecture
gothique riche, à trois rangs de colonnes superpo-
sées, dont le rang inférieur présente, à certains intervalles, des colonnes triples et accolées les unes
aux autres. Des vitraux de grandes dimensions servent d'introducteurs à la lumière; ces vitraux sont
modernes, à l'exception de quelques anciens débris, qui n'ont au surplus qu'une valeur médiocre.
Les fenêtres de la galerie qui règne autour de la
nef curviligne qui se montre tout entière à nous,
et dont la plus grande largeur affecte la figure d'un
quadrilatère élargi vers sa base; les fenêtres de
cette galerie, disons-nous, n'ont rien de remarquable dans leur forme, et ne diffèrent point en
cela de celles du reste de l'édifice, qui sont peu
belles, si l'on excepte celle qui occupe la première
place du côté de l'ouest. Celle-là, d'un fort bon
style gothique, fut faite l'an 1400, vers la fin du
règne de Richard II; quelques personnes lui pré-
fèrent les fenêtres qui se trouvent dans la partie
supérieure de l'église.

Quatre tombeaux occupent au nord et au sud

de la chapelle de la Sainte-Trinité, les intervalles
pratiqués entre les piliers, au troisième plan.

Le premier tombeau à droite, c'est-à-dire celui
qui est le plus rapproché du spectateur de ce côté,
est celui d'Édouard, connu sous le nom du prince
noir. Édouard fut enterré dans cette métropole,
parce qu'il mourut en 1376 dans le palais de l'archevêque. L'effigie du prince est en cuivre doré,
armée de pied en cap : la cotte d'armes, les gan-
telets et le fourreau de l'épée de ce guerrier sont
suspendus au-dessus du monument ; quant à l'épée,
elle a été, dit-on, enlevée par Olivier Cromwel.
Les détails de ce tombeau échappent aux regards
du spectateur, à cause de l'éloignement du plan
sur lequel se trouve le cinquième pilier auquel il
est presque adossé ; ils sont dissimulés d'ailleurs
par une grille de fer, qui garantit le mausolée des
atteintes des hommes.

Le second tombeau de ce même côté, est celui
de Ode de Coligny, évêque élu de Beauvais, qui
fut empoisonné en 1571 par des chrétiens, qui crai-
gnirent de le voir embrasser la religion protes-
tante. C'était dans ce dessein qu'il était venu à
Londres. Ce monument funèbre est encore plus
singulier par sa forme qu'il n'est simple dans ses
ornemens ; il ressemble à un parallélipède rectan-
gle, dont la surface supérieure serait semblable à
une section perpendiculaire faite dans un cylindre,
à une malle, par exemple.

Le premier monument à gauche, celui qui est au
nord du tombeau d'Édouard, auquel il fait pendant

dans le tableau, a été élevé à la mémoire de Henri IV d'Angleterre et de la reine Jeanne de Navarre. Les deux époux sont représentés couchés sur leur mausolée, selon la coutume des 14e, 15e, 16e et 17e siècles; ils sont dans leurs habits royaux. Cet ouvrage, d'un beau travail, est de marbre blanc. Sur le mur du nord, est un petit oratoire invisible aux personnes qui sont placées comme nous le sommes ici; il fut fondé pour que des prêtres priassent pour la reine et pour le roi.

Le quatrième de ces tombeaux, celui sur lequel on remarque une statue agenouillée, est le dernier asile du premier doyen protestant de la cathédrale de Cantorbery. Ce doyen se nommait Wootton; il mourut en 1565. La statue qui le représente est belle; la tête en est surtout remarquable. Wootton l'avait fait exécuter pendant son séjour à Rome, d'où il l'apporta, ordonnant expressément qu'elle figurât dans la composition de son tombeau.

Au fond de la chapelle, on remarque un siége gothique d'une coupe bizarre. Ce siége était, dit-on, destiné à l'archevêque qu'on *intronisait*; il l'occupait le jour de son installation.

Sur le premier plan du tableau, jetés çà et là, des détails pleins de vérité et de sentiment local ajoutent encore à l'illusion si étonnamment produite par les lignes de perspective et par l'heureuse application d'une couleur naïve à ces mêmes lignes. Ces détails consistent en instrumens propres aux travaux de maçonnerie, en marbres brisés ou préparés pour les restaurations de l'escalier, en

ustensiles, tels que cruche, pinte de plomb, etc.,
à droite, deux ouvriers dorment ; à gauche, à côté
du tombeau d'Henri IV, une femme prie.

Pour compléter cette notice historique du vaste
monument dont la chapelle de la Sainte-Trinité
fait partie, nous pourrions nous jeter dans quelques dissertations chronologiques et archéologi-
ques sur les diverses époques des restaurations de
la cathédrale ; sur les incendies qui les occasion-
nèrent : nous intéresserions peut-être aussi par le
récit des traits principaux de l'histoire de la ville
elle-même ; mais nous nous écarterions trop du but
que nous nous sommes proposés, de décrire des
tableaux et non de faire des digressions historiques
à propos de tableaux. Dans les notices de la nature
de celle-ci, il ne faut faire intervenir l'histoire que
lorsqu'elle est indispensable pour peupler une so-
litude veuve de souvenirs.

www.ingramcontent.com/pod-product-compliance
Ingram Content Group UK Ltd.
Pitfield, Milton Keynes, MK11 3LW, UK
UKHW020125080726
13614UKWH00005B/2037